Inhalt

Branchenreport IT, ELEKTRONIK, TELEKOMMUNIKATION Ausgabe 1/2011

Kernthesen

Beitrag

Zahlen und Fakten

Weiterführende Literatur

Impressum

Branchenreport IT, ELEKTRONIK, TELEKOMMUNIKATION Ausgabe 1/2011

Kerstin Werth

Kernthesen

- Die Umsätze in der Elektroindustrie nähern sich den Vorkrisenwerten an.
- Die ITK-Industrie erlebt einen wahren Boom, der von der anziehenden Konjunktur und neuen Technologien getragen wird.
- Elektronikhersteller haben wegen des AKW-GAUs in Fukushima zunehmend Lieferengpässe.
- Die ITK-Branche leidet unter wachsendem Fachkräftemangel, während in der Elektroindustrie die Beschäftigung noch

eher zögernd wächst.

Beitrag

Elektroindustrie: Krise schon weggesteckt

In der Elektroindustrie geht es aufwärts. Nach Angaben des ZVEI (Zentralverband Elektrotechnik- und Elektronikindustrie) stieg die Produktion im abgelaufenen Jahr um 13 Prozent. Der Umsatz stieg um 14 Prozent auf 165 Milliarden Euro, nachdem er 2009 noch bei 145 Milliarden und 2008 bei 182 Milliarden gelegen hatte. Das Auftragsniveau ist entsprechend. Allein die Exporte erreichen fast wieder hundert Prozent der Zahlen aus 2008. Die Branche profitiert von neuen Technologien und Wachstumsmärkten, wie Klimaschutz, Energieeffizienz, Elektromobilität, Gesundheitswirtschaft und Infrastruktur. Der Export nimmt deutlich Fahrt auf. Zwar sind die absoluten Vorkrisenwerte noch nicht wieder erreicht, doch haben sich die Zahlen je nach Export-Region um 20 bis 45 Prozent gegenüber 2009 verbessert. (1), (2), [Abb.1]

ITK-Industrie: Optimismus wieder angesagt

Die ITK-Industrie in Deutschland profitiert von der guten Konjunktur und neuen Technologien. Fast alle Unternehmen blicken optimistisch in die Zukunft. Die Branche erwartet für 2011 einen Gesamtumsatz von 145,5 Milliarden Euro und damit zwei Prozent Steigerung gegenüber 2010 mit 142,7 Milliarden Euro. Getragen werden soll dieses Wachstum wohl vor allem vom IT-Sektor (plus 4,3 Prozent) und hier besonders vom Cloud Computing. - Diesem stehen viele Unternehmen im Deutschland allerdings noch eher skeptisch gegenüber; sechzig Prozent der Unternehmen wollen nach einer Umfrage weder jetzt noch in Zukunft die Möglichkeiten der Wolke nutzen. Vor allem datenschutzrechtliche Bedenken spielen hier eine Rolle. - Einen wahren Boom erleben immer noch die mobilen Endgeräte wie Smartphones und Tablets mitsamt ihren Anwendungen (Apps). Die nötige Einbettung dieser Geräte in die jeweilige IT-Landschaft bringt weiteren Umsatz. Die Telekommunikationssparte dagegen leidet weiter unter sinkenden Preisen; Datendienste fangen dies nicht auf. (3), (4)

Im Gegensatz zur europäischen entwickelt sich die deutsche ITK-Branche insgesamt deutlich positiv. Unternehmenskunden investieren weiterhin in ihre

Ausstattung, insbesondere in Netzwerktechnik, und sorgen für Wachstum. Kleine und mittlere Unternehmen sind gute Kunden: Hier wuchs der Umsatz um 40 Prozent. Mobile Computer waren gefragt und sorgten für 13 Prozent mehr Umsatz. Der Verkauf von Desktop-PCs stagnierte dagegen fast. Er litt unter der zunehmenden Marktsättigung und zu wenigen Innovationen. Wachstumstreiber waren Tablets, allerdings ließen sich die hohen Volumina aus der Weihnachtszeit naturgemäß nicht fortsetzen. Im Januar wurden 100 000 solcher Geräte verkauft, ähnlich viel wie im Dezember vergangenen Jahres. Im laufenden Jahr könnte sich das Marktvolumen in Deutschland auf etwa 1,5 Millionen Tablets vergrößern. Auch Komponenten wie Festplatten, Blu-ray-Laufwerke und Speichermodule tragen zum Aufschwung bei. Sie verzeichneten ein Umsatzplus von 36 Prozent. (5)

Elektronikindustrie: Lieferkette löchrig

In der Elektronikbranche kämpft man unterdessen mit den Folgen der Reaktorhavarie in Japan. Die Liefersituation wird zunehmend schwieriger, nachdem japanische Zulieferer vorübergehend schließen mussten, die Produktion stockt. Lieferengpässe und höhere Preise stehen den

Endverbrauchern ins Haus. Canon und Sony verzeichnen bereits Schwierigkeiten bei der Roh- und Hilfsstoffbeschaffung. Sony selbst legte eine Fabrik still, ebenso wie Nokia und Research in Motion. Die Angst vor kontaminierten Bauelementen geht um. (6), (7)

Weltmarkt: Schwellenländer stimulieren Nachfrage

Weltweit konnte die Elektro- und Elektronikbranche 2010 wieder ein Wachstum von sechs Prozent erreichen, nachdem im Krisenjahr 2009 ein Rückgang von fünf Prozent zu verzeichnen war. Stimuliert wurde der Nachfrageanstieg 2010 vor allem durch die Schwellenländer. Wachstumsmotoren waren hier die BRIC-Staaten - Brasilien, Russland, Indien und China - und zwar für die deutsche wie auch die globale Elektro- und Elektronikbranche. Die BRIC-Staaten expandierten 2010 um 13 Prozent und sie werden 2011 voraussichtlich wieder im Schnitt um neun Prozent zulegen. Als großer Gewinner gilt laut ZVEI China, mit erwarteten Zuwächsen von zehn Prozent in 2011 und nach einem Plus von 15 Prozent in 2010. (1)

Unternehmen: Neue

Wachstumsmärkte

Branchenführer **Siemens,** mit einem Umsatz von rund 76 Milliarden Euro, geht neue Wege und richtet dafür neben den bisherigen Sektoren Industrie, Energie und Medizintechnik einen vierten Geschäftsbereich ein: Der Sektor "Infrastructure & Cities" soll ganz für die Belange von Mega-Cities zuständig sein. Geschäfte in diesem Bereich sorgten zuletzt bereits für 16,5 Milliarden Euro Umsatz und 80 000 Arbeitsplätze. Siemens-Produkte und Dienstleistungen sollen den weltweiten Energieverbrauch und den Kohlendioxid-Ausstoß verringern, zwei Probleme, die speziell die allergrößten Städte der Welt verursachen. Siemens hilft bei der Umrüstung von Gebäuden, bei der Wasseraufbereitung, bei Verkehrs- und Mautsystemen wie etwa in London. Dreißig Milliarden Euro Umsatz verspricht sich der Konzern und einen Marktanteil von zehn Prozent. Auch in der Industriesoftware will Siemens punkten. Das weltweite Marktvolumen soll bei achtzig Milliarden Euro liegen und mit acht Prozent ein solides Wachstum vorweisen. Insgesamt erwartet der Konzern nach einem Anstieg des Nachsteuergewinns von 1,4 Milliarden Euro, der den Vorjahreswert noch überstieg, für die zweite Jahreshälfte ein eher ruhiges Wachstum. (8)
General Electric (GE), der größte Konkurrent von

Siemens weltweit, will auf den außeramerikanischen Märkten stärker werden. Im Gegensatz zu Konkurrent Siemens, der zuletzt auf Zentralisierung setzte, erhalten die regionalen Verantwortlichen von GE dafür mehr Freiheiten. In Europa soll damit besonders das Industriegeschäft gestärkt werden. Hunderte neuer Arbeitsplätze auf dem Alten Kontinent sind im Gespräch. Neben Europa stehen Russland, Japan und Korea als entwickelte Märkte und einige asiatische Länder, insbesondere China und Indien, sowie Lateinamerika als aufstrebende Märkte im Fokus. Siemens Auslandsanteil liegt bei 85 Prozent, der von GE soll jetzt auf 60 Prozent bis 70 Prozent steigen. Zukäufe, aber besonders organisches Wachstum sollen dazu beitragen. Wie Siemens betätigt sich der Konzern im Mega-Cities-Bereich. Insgesamt erzielte der amerikanische Mischkonzern mit Kraftwerken, Flugzeugtriebwerken, Lokomotiven, Medizintechnik und mit Finanzaktivitäten (GE Capital) 2010 einen Umsatz von rund 150 Milliarden Dollar. (9)

Was die Siemens-Konkurrenz in Europa angeht, sorgen beim schweizerischen Elektronikriesen **ABB** die steigende Nachfrage nach erneuerbaren Energien und Stromübertragungstechnik wieder für Optimismus. Im Jahr 2010 ging der Umsatz zwar noch leicht auf 31,8 Milliarden Dollar zurück und der Gewinn sank um zwölf Prozent auf 2,6 Milliarden Dollar. Zuletzt wuchs ABB aber sogar schneller als

GE und verzeichnete deutliche Zuwächse bei Umsatz und Bestellungen. Vor allem die Schwellenländer sorgten für Schwung. In Asien kletterte der Auftragseingang um satte 39 Prozent, getrieben von China mit einem Plus von 70 Prozent. Beim niederländischen Elektronikkonzern **Royal Philips NV** stieg im Konzern der Gesamtumsatz um rund 10 Prozent auf 25,4 Milliarden Euro kräftig an. Nachteilig bemerkbar machten sich allerdings schon im letzten Quartal die schrumpfende Nachfrage in der Sparte Konsumelektronik und insbesondere auch der rückläufige Absatz von Fernsehgeräten, was letztlich dazu führte, dass Philips inzwischen das TV-Geschäft nach China verkauft hat. Beim französischen **Alstom-Konzern** stieg der Umsatz vor allem wegen der teilweisen Erstkonsolidierung der von Areva übernommenen Stromübertragungssparte Grid um sechs Prozent auf 20,9 Milliarden Euro. Für 2011 vermeldet Alstom ein Anziehen der Bestellungen auf allen Gebieten. Die neuen Aufträge kommen auch hier zu 60 Prozent aus den Schwellenländern. [20], [23], [24]

Wie ihre europäischen Konkurrenten, etwa Telefónica, France Télécom und Vodafone, engagiert sich die **Deutsche Telekom AG** zunehmend im E-Health-Sektor. Der Gesundheitsmarkt ist der vierte Wachstumsmarkt neben Internet im Auto, Smart Grid und einem digitalen Medien-Kiosk. Der Umsatz im E-Health soll in Zukunft einen dreistelligen Millionen-Wert ausmachen. Aufgrund des Nachhol- und Modernisierungsbedarfs schätzt die EU-Kommission das Marktvolumen auf fast 38 Milliarden Euro im Jahr 2014. Derzeit liegt es bei 25 Milliarden. (10)

Im Telekommunikationsmarkt führte europaweit 2010 noch die **Deutsche Telekom AG** mit gut 250 000 Beschäftigten und einem Umsatz von 62,4 Milliarden Euro. Am dynamischsten entwickelt sich allerdings der spanische **Telefónica** Konzern. Fast neun Milliarden Euro wurden 2010 in Übernahmen investiert. Im Konzernumsatz von 60,7 Milliarden Euro für 2010 sind diese Zukäufe nur anteilig enthalten. Auf einer adjustierten Basis hätte Telefónica bereits 2010 ein Umsatzvolumen von 63,1 Milliarden Euro erreicht und würde damit die Telekom von Platz 1 in Europa verdrängen. Auf Rang 3 bleibt mit Erlösen von rund 45,9 Milliarden britischen Pfund (52,6 Milliarden Euro) der weltweit umsatzstärkste Mobilfunker **Vodafone.** Im Mobilfunk zieht Vodafone in Deutschland immer deutlicher an der Deutschen Telekom vorbei. Auf Rang 4 landet mit 46 Milliarden Euro Umsatz **France Télécom** mit einem Plus von einem Prozent. Die **Telecom Italia** konnte den konsolidierten Umsatz um 2,5 Prozent auf 27,6 Milliarden Euro steigern. (21), (22)

Beschäftigung: Fachkräfte fehlen

In der Elektroindustrie arbeiten aktuell rund 815 000 Menschen, 5 000 mehr als zu Krisenzeiten. Der Vorkrisenwert ist damit allerdings noch nicht erreicht. Die ITK-Branche beschäftigt derzeit 700 000 Menschen. Der dortige Boom verstärkt den Fachkräftemangel und behindert weiteres Wachstum. Fast 60 Prozent der Unternehmen beklagen dies. Der Umsatzausfall wird 2011 schätzungsweise 2,5 Milliarden Euro betragen. 16 500 Informatiker-Stellen blieben zuletzt unbesetzt. (2), (3), (11)

Ausgewählte Teilbereiche

Consumer Electronics: Kunden kauffreudig

Außerhalb von Japan, wo der Markt dieses Jahr um etwa 18 Prozent schrumpfen soll, herrscht trotz der Erdbebenkatastrophe in Sachen Konsumelektronik Optimismus. Weltweit wird die Branche an die 670 Milliarden Euro umsetzen, das bedeutet 6 Prozent mehr. Besonders die Südamerikaner zeigen sich in Kauflaune (2010: plus 39 Prozent, 2011: Erwartung plus 27 Prozent), während der chinesische Markt langsamer wächst. Der krisenbedingte Einbruch ist bereits seit 2009 wieder ausgeglichen. Die Branche präsentiert sich mit Erfolg als innovationsfreudig. Gefragt sind Flachbildfernseher, HD- und 3D-Fernsehen und TV mit Internetanbindung (Hybrid-TV). (12)

Elektrohausgeräte: Effizient und intelligent

Bei Elektrohausgeräten steht Sparsamkeit im Mittelpunkt. Diese soll nun nicht mehr nur durch die Effizienz der Geräte selbst erzielt werden. Auch "intelligente" Technologien wie die Anbindung an ein Smart Grid sollen helfen, wobei es mit letzterem hierzulande noch nicht weit her ist - im Gegensatz etwa zu den USA, China und Südkorea, die wesentlich mehr in das Stromnetz der Zukunft investieren. Dies geht nicht auf Kosten von Leistung, Lifestyle und Bedienkomfort. Das größte Einsparpotential hat jedoch noch immer der Ersatz alter ineffizienter Geräte. Die Energiesparmöglichkeiten von neuen Elektrogroßgeräten im Vergleich zu 15 Jahre alten reichen von minus 35 Prozent (Geschirrspüler, Waschmaschine) bis minus 65 Prozent (Gefrierschrank, Kühl-Gefrier-Kombination). Moderne Geschirrspül- und Waschmaschinen haben einen um bis zu 50 Prozent reduzierten Wasserverbrauch im Vergleich zu ihren 15 Jahre alten Geschwistern. Kochen und Kaffeezubereitung stehen weiterhin im Trend und werden durch eine breite Palette innovativer Produkte unterstützt. Dies gilt auch für den Beauty-Bereich. Vorbilder finden Kunden im TV, bei Kochshow, Beauty-Shows und Model-Casting Shows. (3), (13)

Prozessautomation: Aufschwung verspürt

Seit dem 2. Quartal 2010 und damit etwas später als die anderen Automatisierungssparten verspürt auch die Prozessautomation wieder Aufwind. Der Umsatz stieg auf 16,3 Milliarden Euro (plus 15,4 Prozent). Die gesamte Automatisierungsbranche gibt sich inzwischen wieder sehr optimistisch, der Gesamtumsatz stieg 2010 um 16,6 Prozent auf fast 41 Milliarden Euro. Die Auftragslage ist wieder gut, die Auftragseingänge legten gegenüber dem Vorjahr um 24,9 Prozent zu. Auch die Zahl der Beschäftigten verzeichnete einen leichten Anstieg auf rund 232 000 Personen. (14)

Mobilfunk: Smartes gefragt

Geld verdienen kann man im Handy-Markt nur noch im Hochpreissegment, sprich mit Smartphones. Dabei stehen für Kunden bei der Kaufentscheidung die Qualität des Betriebssystems und die Zahl der angebotenen Applikationen im Vordergrund. Äußerliche Merkmale der Geräte spielen kaum noch eine Rolle, da sich die Smartphones von Hersteller zu Hersteller in dieser Hinsicht kaum noch unterscheiden. Am Markt gewinnt derzeit, wer wie HTC schnell auf aufkommende Trends reagiert. Hinsichtlich der Betriebssysteme hat Google die Nase vorn. Sein kostenloses Open-Source-Produkt Android hat einen Marktanteil von 33 Prozent erreicht und damit Nokias Symbian überholt. Den dritten Platz belegt Apples iOS mit 16 Prozent. Es bleibt durch sein Apple-Universum stark, das Entwickler wie Kunden anzieht und dadurch ständig wächst. 14,4 Prozent aller Smartphones weltweit laufen mit dem System von Research in Motion (RIM). Microsoft versucht mit seinem Windows Phone 7 Anschluss an den Markt zu finden, den der Konzern mit seinem Vorgängerprodukt komplett verloren hatte. Obwohl die Ergebnisse nach der Markteinführung im Vergleich zur Konkurrenz Apple und Google eher bescheiden ausfielen, sind die Redmonder zufrieden. Der Marktanteil liegt bei gut 3 Prozent. Windows Phone ist (derzeit noch) sehr auf den Gebrauch in Unternehmen zugeschnitten und kooperiert gut mit Unternehmens-IT. 2010 wurden etwa 300 Millionen

Smartphones abgesetzt. (15), (16)

IT-Hardware: Mobil vorn

2010 wurden weltweit 13,8 Prozent mehr Computer verkauft, was nicht ganz den Erwartungen von 18 Prozent entspricht. Das iPad kannibalisierte dabei offensichtlich insbesondere mobile Geräte, deren Nachfrage deutlich sank. Der deutsche Zuwachs entsprach dem globalen. Hier hatte Acer den größten Marktanteil (18,3 Prozent). Platz zwei nahm Hewlett-Packard ein (11,8 Prozent). Dell, Asus und Lenovo lagen zwischen 8,9 und 9,2 Prozent. Im Gegensatz zu seinem Heimatland können sich Apple-Geräte in Deutschland nicht recht durchsetzen. Notebooks werden hierzulande im laufenden Jahr über die Hälfte der verkauften PC ausmachen, stationäre Geräte kaum noch mehr als ein Viertel. Mit acht Prozent führen Netbooks ein Schattendasein. Jeder zehnte 2011 verkaufte PC könnte ein Tablet-Rechner sein. (17), (18), [Abb.2]

Internet: Suchen und Kommunikation

Google ist unangefochtener Spitzenreiter unter den Internetseiten. Die Suchmaschine zog im Februar

2011 über 38 Millionen Besucher an, das waren noch einmal 5,3 Prozent mehr als im Februar 2010. Den größten Zuwachs verzeichnete Facebook, das seine Besucherzahl fast verdoppelte und nun bei über 22 Millionen Besuchern liegt. Auch YouTube verzeichnete eine deutliche Steigerung um 22,1 Prozent auf 20,4 Millionen. Auch Amazon wuchs im Vergleichszeitraum zweistellig. Mit 0,4 Prozent Rückgang hat eBay leicht verloren, bleibt aber bei deutlich über 20 Millionen. Was Internetnutzer vor allem wollen, ist damit klar: Suchen, kommunizieren, teilen und einkaufen. (19), [Abb.3]

Trends

Die Elektroindustrie erwartet auch im laufenden Jahr weitere Erholung mit einem Wachstum in Produktion und Umsatz von rund sieben Prozent auf 175 Milliarden Euro. Die Ausfälle während der Krise könnten schon 2012 ausgeglichen sein, viel früher als erwartet. (2)

Jedes zweite Unternehmen in der ITK-Branche erwartet laut einer Umfrage der Unternehmensberatung Steria Mummert Consulting, dass sich die Branche bis zum Jahr 2013 besser als die Gesamtwirtschaft entwickelt. Wachstumstreiber bleiben das mobile Internet und die mobilen

Endgeräte. (25)

Im IT-Produktbereich liegen immer leistungsfähigere Geräte, bei Desktop-Rechnern etwa bereits mit Quad- oder Hexa-Core-CPU. Tablets werden Notebooks starke Konkurrenz machen. Netbooks haben dann erst recht kaum noch Marktchancen. (17)

Intelligente Vernetzung von Konsumelektronik in Haus und zukünftig wohl auch Garten und Freizeit ist ein Thema mit wachsender Bedeutung. (5)

Smartphone-Applikationen werden in Zukunft voraussichtlich nicht mehr für bestimmte Betriebssysteme programmiert. Dies ist sehr aufwendig. Der Anteil der auf HTML5 basierenden Web-Apps, die Kunden unabhängig vom Betriebssystem aus dem Internet laden können, wird stark zunehmen. (15)

Zahlen & Fakten

Abbildung 1: Elektroexporte

Elektroexporte in Prozent	Gesamtanteil 09/10 in	Veränderung 08/09 in	Veränderung

	Prozent	Prozent	
Europa	68	22	-17
SO-Asien (inkl. VRC, JP)	14	37	-10
Frankreich	8	26	-4
USA	7	20	-19
China	6	45	5
Lateinamerika	2	43	-16

Abbildung 2: PC-Markt

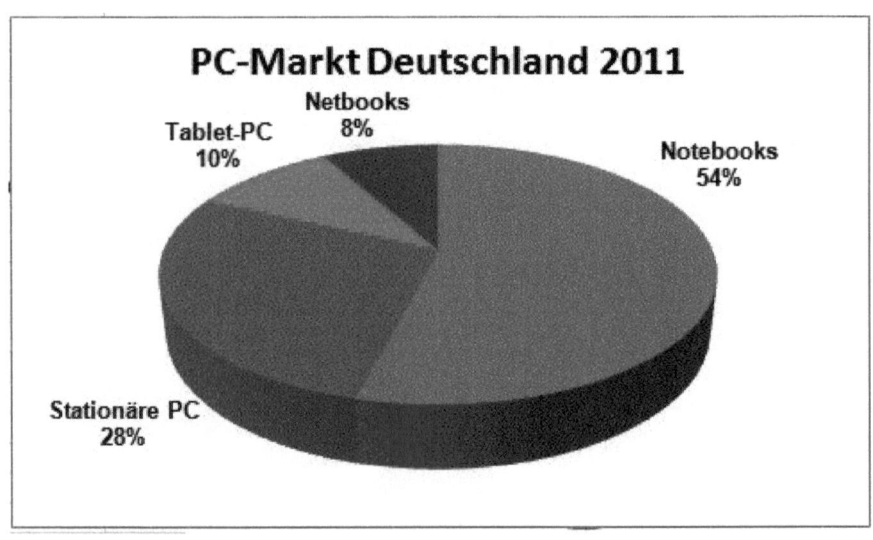

Quelle: BITKOM, European Information Technology Observatory (EITO), (18)

18

Abbildung 3: Beliebteste Internetseiten

Rang	Internetseite	Besucher 2011 * in Millionen	Veränderung gegenüber Vorjahr in Prozent
1	Google	38,6	5,3
2	Facebook	22,3	98,4
3	Microsoft	21,3	3,3
4	eBay	21,1	-0,4
5	MSN, Windows Live, Bing	20,9	9
6	YouTube	20,4	22,1
7	Amazon	18,4	11,7
8	Wikipedia	17,8	2,1
9	T-Online	16,5	0,3
10	RTL Network	13	-3,5

* Februar 2011 Quelle: Arbeitsgemeinschaft Online-Forschung (AGOF), Nielsen, (19)

Weiterführende Literatur

(1) Deutschlands Elektroindustrie peilt 2012 Rekordniveau an

aus de.init.bfai.fachdb.model.Mkt

(2) ZVEI-Monitor Frühjahr 2011
aus de.init.bfai.fachdb.model.Mkt

(3) IT- und Telekommunikationsbranche boomt 2
Prozent Wachstum für 2011 erwartet mit "Potenzial
nach oben" - Vereinzelt Engpässe bei Importen aus
Japan
aus Börsen-Zeitung, 19.04.2011, Nummer 76, Seite 10

(4) Hardware-Ausgaben im Aufwind Trends Energie-
Effizienz im Fokus Unternehmen investieren bei
Büroausstattung und im Industrie-Umfeld häufiger
in energie-effiziente Lösungen. Absatz mit Rechnern
wächst Statement
aus IT-Business News Nr. 002 vom 31.01.2011 Seite 006

(5) Fachhandels-Umsatz weiter auf Rekordniveau
aus IT-Business News Nr. 006 vom 28.03.2011 Seite 048

(6) Reaktorhavarie von Fukushima hat Konsequenzen
für die Elektronikbranche Ängste vor verstrahlten
Bauelementen und Subsystemen
aus Markt & Technik, Heft 15/2011, S. 1

(7) Lieferengpass setzt Konzernen zu
aus "Computerwelt" Nr. 8 / 2011 vom 20.04.2011

(8) Siemens strebt 100 Milliarden Euro Umsatz an
aus Frankfurter Allgemeine Zeitung, 29.03.2011, Nr. 74,
S. 14

(9) General Electric möchte seine Defizite in Europa aggressiver angehen
aus Frankfurter Allgemeine Zeitung, 06.04.2011, Nr. 81, S. 17

(10) Telekom drängt in Gesundheitsmarkt
aus Handelsblatt Nr. 073 vom 13.04.2011 Seite 26

(11) Wachstum bringt der Computerbranche Engpässe
aus Frankfurter Allgemeine Zeitung, 01.03.2011, Nr. 50, S. 11

(12) Der Fernseher als Riesen-Smartphone
aus Frankfurter Allgemeine Zeitung, 18.04.2011, Nr. 91, S. 15

(13) Trends bei Elektrohausgeräten 2011
aus Frankfurter Allgemeine Zeitung, 18.04.2011, Nr. 91, S. 15

(14) Automatisierer wachsen unerwartet schnell
aus VDI NR. 15-16 VOM 15.04.2011 SEITE 13

(15) Smarte Geräte beflügeln den Handymarkt
aus Finanz und Wirtschaft vom 19.02.2011, Seite 29

(16) Smartphone-Feuerwerk mit allen Betriebssystemen
aus VDI NR. 06 VOM 11.02.2011 SEITE 8

(17) Auf Shoppingtour Umfrage: PC-Markt 2010
aus c't - Magazin für Computertechnik, 04/2011, S. 72

(18) D: PC-Markt 2010-2012
aus Bundesverband Informationswirtschaft,
Telekommunikation und neue Medien (BITKOM),
27.02.2011, S. 1

(19) D: Top Internetseiten und Online-
Werbevermarkter 2011
aus Frankfurter Allgemeine Zeitung, 22.03.2011, S. 19

(20) ABB plant weitere Zukäufe
aus Handelsblatt Nr. 035 vom 18.02.2011 Seite 23

(21) Smartphone-Boom lässt Vodafone glänzen
aus APA-JOURNAL IT Business vom 17.05.2011

(22) Telekom gerät ins Hintertreffen
aus Handelsblatt Nr. 041 vom 28.02.2011 Seite 20

(23) Philips verdreifacht den Gewinn
aus Frankfurter Allgemeine Zeitung, 25.01.2011, Nr. 20,
S. 15

(24) Energiekonzern Alstom erleidet Gewinneinbruch
Ordereingang zieht allerdings kräftig an
aus Börsen-Zeitung, 05.05.2011, Nummer 86, Seite 11

(25) Von intelligenten Netzen und connected wellness
17. Handelsblatt Jahrestagung "Telekommarkt im
Umbruch" 17. und 18. Mai 2011, Pullman Cologne,
Köln. www.tk-europa.de
aus news aktuell, 2011-03-28

Impressum

Branchenreport IT, ELEKTRONIK, TELEKOMMUNIKATION Ausgabe 1/2011

Bibliografische Information der deutschen Nationalbibliothek

Die Deutsche Nationalbibliothek verzeichnet diese Publikation in der deutschen Nationalbibliografie; detaillierte bibliografische Daten sind im Internet über http://dnb.d-nb.de abrufbar.

ISBN: 978-3-7379-1922-7

© 2015 GBI-Genios Deutsche Wirtschaftsdatenbank GmbH, Freischützstraße 96, 81927 München, www.genios.de

Vervielfältigungen (Fotokopie/Mikroskopie), Übersetzungen, Auswertungen durch Datenbanken oder ähnliche Einrichtungen und die Einspeicherung und Verarbeitung in elektronischen Systemen.